Lazos de Poesías

Lazos de Poesías

Glória Sofia
Julio 2017

Lazos de Poesías, como su nombre indica, es un conjunto de rimas, sonetos y versos libres enlazados en esta obra. Describe a una niña, repleta de fantasías de princesas y amores eternos, que se transformó en mujer. Los sueños permanecen pero, de la misma forma que su cuerpo se transforma, también sus aspiraciones maduran lentamente y de forma continua en el árbol de su ser, produciendo el fruto más dulce que se puede probar - la poesía.

FICHA TÉCNICA

Editora Brial

Copyright © 2014, Glória Sofia
Reservados todos los derechos.
ISBN: 978-90-825014-5-2

Título original: Laços de Poesias
Autora: Glória Sofia
Traducción: Amelia Bravo Vadillo
1ª Edición: Septiembre 2014
Revisión de la obra en portugués: Maria Clara Costa y Ana Muralhas
Diseño gráfico e ilustración de la portada: Osvaldo Brito
Edición facilitada por la Fundación Letras (Róterdam)

Edición Editora Brial
Editora Brial materializa el deseo del autor con la publicación de su obra.

Contacto: Editora Brial
E-mail: editorabrial@gmail.com

A mis madrinas:
Mena, Albertina y Laila

Índice

Prefacio 2

Lazos de poesías 5

Mi origen 6

Luna 7

¡Oh, Muerte injusta! 8

Nace la poesía 10

Triste vida 11

Quiero ir a casa 12

Soñar 13

Mar de Cabo Verde 14

Basta 15

Ofrezco 16

Tiempo 17

Morna 18

Pasión 19

No estaba destinado para mí 20

Sensualidad 21

Frío 22

Tu amor 23

¡Pobre! 24

Dejaste 25

Háblame de amor 26

Deseo	27
¡Ah, mi amor!	28
Mundo	29
Lazo de arcoíris	30
Novia	31
Poso en ti	32
Bendita tu vida	33
Obsesión	34
Murmullo	35
Cae	36
Motivo	37
Eterno	38
Sólo vete	39
Primavera	40
Pasado	41
Loca	42
Ríndete	43
Sin consuelo	44
Verdadera prisión	45
Lejos de ti	46
Ocaso	47
Espera	48
Es Navidad, es Navidad	49
Tarde	51

Supliqué	52
Mar, oh Mar	53
Rabia	54
Piedras	55
En los anexos de mi espíritu	56
Destino	57
Lo que importa	58
Siento por ti	59
Búsqueda	60
¿Qué va a ser de mí?	61
En los albores del tiempo	63
Quiero una casa así I	64
Torbellino de la noche	65
Tu voz	66
Mi Pueblo	67
Me reencarné	68
Adiós, mi amor.	69
Orgullo	70
Lo vestido en mí	71
Maldito origen	72
Es mi corazón	73
Eres Real	74
Odiarte	75
Las mismas	76

Y tú, sol	77
Intenta	78
Amor molido	79
Parece	80
Río Malvado	81
Vértigo	82
Hoy no	83
Devuélveme	84
Poesía	85
Vuela levemente	86
Ser Romántico	87
Arrojar	88
Naturaleza	89
Ven conmigo	90
Soledad	91
Prisionera	92
Fin	93

Prefacio

Era una vez una niña, repleta de fantasías de princesas y amores eternos, que se transformó en mujer. Los sueños permanecieron pero, de la misma manera que su cuerpo se transforma, también sus aspiraciones maduran lentamente y de forma continua en el árbol de su ser. El príncipe fue tomando forma de hombre, universalmente imperfecto, y las torres de los castillos se desmoronaron, transformándose lentamente en un espacio de tranquilidad cualquiera. Pienso que entre tantas historias de vida... ésta también puede ser un poco la nuestra porque ¿quién no ha amado con desespero? ¿quién no se ha preguntado por el sentido de la vida? Por esta razón siento, durante la lectura de este conjunto de poemas que la autora nos presenta, como si ella describiese mis torbellinos de emociones, aspecto que me deleita y que convierte este libro también en mío. Las temáticas divergen, tal como en la vida, mas quiero realzar los sentimientos, el desespero, la fascinación ante lo bello, el amor en sus diversas caras, de lo carnal a lo espiritual, del sentimiento que llena y da vida hasta el que hace odiar y desear la muerte. La poetisa emana en sus escritos un vivir a veces amargo y una forma negra de encarar la vida, pero acabamos sintiendo siempre la presencia de la niña soñadora, a la que me atrevo a llamar Esperanza, pues, simultáneamente, sus poemas están repletos de contemplación de lo bello... el sol, el mar, grandezas naturales sólo comparables al amor y al milagro de la maternidad. Tus palabras me hacen sentir que, tal vez un día, el niño y el adulto que nos ENLAZAN se encuentren y eso nos permita, aunque sea por instantes, estar en unísono perfecto con la vida. Se suceden también las batallas constantes de la superación personal, del sufrir para crecer, del sonreír ante las pequeñas cosas y ser feliz sin interrogantes. Espero que continúes manifestando en tus escritos todos estos sentimientos, por ti, por nosotros que te amamos y por el mundo, que forma lazos de poesía en todo el ser.

Cândida Mendes

Lazos de poesías

Adornaron en tu pecho
Lagunas de cuerpos encarnados,
Los lazos de poesías atados
En este cuerpo exhausto.
Mi amor, ¡qué tormento
Suena de tus ojos!
Sangres tristes y viejas,
Esta vida de muerte abandonada,
De amargura enlazada,
De las risas sin brillos.

Mi origen

Siento el odio con el que crecí,
La mezcla de lo sucio con la que nací,
Embrión de los hongos que crié,
Sentimientos diseminados que fumé.

Oriunda del grito no y sonrisa sí,
Condenada a sucesivos días saltados,
Lágrimas de dolor para siempre pautadas
En este espíritu sin ninguna orilla.

Lloro, grito y revoco mi origen,
Corro sin cansarme, sin coraje.
Arranco venas de mis brazos sangrientos,
Quiero lavar mi sangre ¡Ay, qué tormentos!

Luna

Te mojaba el alma con su luz,
Resbalaba leve entre las nubes,
Bañaba las curvas de tu cuerpo.

La luna cortejaba tu piel,
Cediendo brillo de diamante
A tus sonrisas jubilosas.

La luna besaba tus labios,
Petrificando la dulzura del amor.

La luna se encontraba enlazada
En nuestros corazones.

¡Oh, Muerte injusta!

Algún día rasgarás mi cuerpo,
Como el sol rasga el cielo.
Quemarás mi pasado,
Presente y futuro, perpetuando el tiempo.

¡Oh, Muerte!
Cuando llegue ese día
Me levantaré altiva,
Caminaré con coraje,
Graciosa como las nubes que corren en el cielo.
Te recibiré como la tierra que se deleita de placer
Cuando recibe al sol.

¡Muerte, oh, Muerte!
Te seduciré,
Abriendo el botón de mi pecho,
Desnudándome de miedo y de angustia
Entre el susurro de los ojos.
Te entregaré el templo para que lo saborees,
Penetrarás el fin dentro de mí,
Gimiendo frialdad y consumiendo calor.
Te enlazaré con los brazos frágiles,
Te gritaré la dulce melodía.

"Te llevas padre, te llevas madre e hijos".
Si tu frialdad no durmiese

En los Ríos de mis venas,
Me erguiría y te abofetearía
Con mis besos.
Y te mataría con mi amor.
¡Oh, Muerte injusta!

Nace la poesía

Se conciben dentro de mí
Hijos de sentimientos distintos.
Viven en el embrión del corazón deshecho,
Cercados por un río de carmín.

Se unen como el pueblo,
Esparcen flores diente de león,
Luchan con silencio de esclavo,
Dejándome febril de emoción.

Es mareo, sensación de disgusto,
¡Tantas contracciones siento!
Ríos de sudor corren como el rayo...

Descosen luces y me desmayo,
Salpican risas y alegría.
Del parto duradero nace Poesía.

Triste vida

Cuando el sol se quebró,
Fragmentos de sus rayos sucumbieron
En esta manta que me viste el alma.

Cuando la nube estalló,
Parte de la lluvia cayó
En esta tela que reviste mi cuerpo.

Ríos me han sangrado de las manos heladas,
Manos cerradas, refrenando la ira.
Disgustos se han alojado en mis ojos,
Que no han visto jamás sino lagunas.

Quiero ir a casa

Las carreteras se abrieron como una flor en primavera.
Diásporas me aprisionaron con odio en el corazón,
Holandeses esparcieron las letras en la atmósfera,
Portugueses lloraron con cariño la canción.

Franceses libertaron perfumes entre besos.
Vinieron a mi memoria de infancia mil deseos
De emigrar, aprender, comprender y conocer.
La noche vino y nunca más conseguí vencer.

Quiero ir a casa.
Españoles bailaron espantando mi soledad,
Luxemburgueses, con sus paisajes vanidosos,
Limpiaron el rocío de mis ojos con amistad.

Aceleré los pasos. Belgas me cortaron las alas.
¡Deseo tanto ir a mi tierra para sentir las brasas!
Hoy descubrí que mi casa está a tu lado, João.

Soñar

Dormir es el despertar de los espíritus,
Vidas sin cuerpos de dolor avarientos.

Soñar
Es reír entre mil sonrisas,
Es vivir del amor,
Es comer de alegría.

Amar es correr entre las flores,
Jugar en brazos de los colores.

Amarrar mil jornadas en los paraísos,
Ver alegremente cómo mueren los días.
Soñar es bailar la mente,
Brincar, gritar y besar poesía.

Mar de Cabo Verde

Agua de la vida,
Agua de la esperanza,
Agua de los sueños,
Camino que sala el alma,
Encuentro de todas las lágrimas.

Mar,
Cuna de los pescadores,
Oración de las fresqueras,
Alegría de los niños,
Levedad de las melancolías.

Mar,
Senda eterna que separa los cuerpos,
Senda eterna que une los continentes.

Mar,
Sueños de los isleños,
Destrozos de los corazones.

Basta

No me habléis del amor,
Que una niebla feroz me invade la mente.
Turbando la luz de la esencia
El dolor trae, ciertamente.

No me habléis del amor,
Que me deja el alma doliente
Y trae una sonrisa aterradora.

No, no me habléis del amor,
Que las lágrimas asoman
En el ángulo de la luna sin brillo.

No, no me habléis del amor,
Que los colores pierden la luz
Y yo me pierdo en tu piel.

No, no me habléis del amor,
Que la faca del pasado
Sangra sueño de virgen.

¡Basta! No me habléis del amor.

Ofrezco

Ofrezco mi ser a esos ojos perdidos
En el océano de las lágrimas de los versos redondos.
Ofrezco a esas manos frágiles el azul oscuro,
Oscuro de la sangre que venció el desespero.

Ofrezco a esas palmas de milagros quebradizas,
Trémulo mi corazón, aún con vida,
Cenizas de memorias perdidas sin esperanzas,
Entrelazadas en dos trenzas ingenuas y cortadas.

Te ofrezco mil arrepentimientos ardientes,
Bautizados con el sudor del parto duradero,
Nuestro hijo ahogado en las lágrimas tristes.

Te ofrezco mi sonrisa muerta entre dientes,
Las letras torcidas de mi amarga alma,
El agua que nada en mi vientre calma.

Tiempo

Lejos parecía eterno,
Hoy parece cercano,
Mañana parece locura.

Morna

En las voces de las olas resuenan
Mansas melodías de siglos de saudades.

En el rugido de los volcanes se sienten
Amores muertos por la distancia.

Morna,
Este canto com forma de rostro femenino,
Deshaciendo el pecho de mujer en rumores de riberas.

Morna,
Eco de los isleños,
Son de la saudade.

Pasión

Si me hablan de pasión,
Iré con bandas de arcoíris
A amordazar al Sol.

Si me hablan de pasión,
Con zapatos de niebla
Le daré un puntapié a este universo sin color.

Si me hablan de pasión,
Alzaré el arco de las cejas,
Escupiré al viento en las luces.

Si me hablan de pasión,
Me comeré las palabras mudas,
Gritaré a los sordos una risa
Y a los ciegos una sonrisa.

¡Ay, si me hablan de pasión!

No estaba destinado para mí

No estaban destinados para mí
El beso infiel del viento
Ni la sonrisa seductora del sol.

No estaba destinado para mí
El perfume de la tierra batida
Por las lágrimas de las nubes.

No, no estaban destinados para mí
El olor a ropa recién lavada,
Las olas de las hierbas del campo
Ni el aroma del amanecer.

Sólo me estaban destinadas
Poesías confusas en esta alma de laberinto.

Sensualidad

Cuando rozo tus labios levemente
Tu cuerpo másculo se abandona,
El fuego despierta y recorre dulcemente
Ese cuerpo repleto de orgasmo sereno.

Aturdida por el poder de Diosa derrotada,
Derramo el aroma de los versos en flor.
Sonriendo con la levedad del gemido y del sudor,
Todo se vuelve agridulce, incluso la vida.

Tus ojos encierran brillo de diamante,
Tu lengua muerde mis senos maduros,
La locura rezuma del placer intermitente,
Por fin, de los pétalos del vientre, brotan olores puros.

Frío

El frío baña mi cama.

Se acuestan tristes recuerdos.
Cubiertas, con sábanas, esperanzas.

La frialdad recorre mi alma,
Mi ser se niega a derramar lágrima.

Es amargo y lejano mi destino,
Que deja mi espíritu en desatino.

El desespero nació en mis ojos,
Todo se volvió nublado y sin brillos.

Frío, déjame, que tengo sueño.

Tu amor

Caigo mortalmente en tus brazos,
Allí encuentro el mundo eterno.
Te entrego un amor maltratado.

Corro sin piernas y allí permanezco,
Suplicando determinantemente
Tu amor, con fruto inexistente.

¡Pobre!

¡Pobre la isla prisionera en la cárcel del mar!

¡Pobre la montaña azotada por las olas!

¡Pobre la hoja empujada por el viento!

¡Pobre el barco arrastrado por la corriente!

¡Pobre la tierra a la que el sol le arranca el agua del alma!

¡Pobre de mí que nada puedo hacer!

Dejaste

Mi amor, que me dejaste
Esperando en esta vida gritadora.

Muerte,
Jamás mi nombre pronunciaste.
Soy brújula sin norte.

Dejaste esa belleza triste
En este cuerpo que duerme,
Que sólo duerme y no come,
En este cansancio decadente.

Háblame de amor

Arrastra la silla,
Convida a la mente
A un sabor de café,
A un aroma de sol,
A un perfume de sonrisa.
Háblame de amor.
Quiero encontrar en tu voz
Esos rayos encantados,
Atarte con mis besos.
Háblame de poesía, amor.
Siéntate en este pobre regazo,
Empuja el viento hacia el horizonte.
Háblame de amor.
Después, deja que las gaviotas
Lleven mi espíritu al amor del que hablas.

Deseo

Deseo ser tierra,
Que con su seno amamanta la vida,
Que aun así no es eterna.

Deseo ser sol, que a años luz de distancia
Calienta y acariña el mundo,
Pero calienta y acariña el mundo.

Deseo ser la luna, que cae en la noche fría,
Bañando la vida con su luz.

Deseo ser mar, que naufraga al navío,
Que lleva y vuelve a traer, dejando saudade
Y quitando la vida.

Deseo no ser poeta.

¡Ah, mi amor!

Hoy la luz me daña los ojos,
Hoy la sonrisa no tiene brillos.

Dejaste montones de dolor,
En mi pecho, un ardor,
En mi alma, un amargor.

Vivo en el eterno infinito, como en un sueño,
Alimentándome de dolor en cada estación.
Ardiente invierno que despoja el nido,
Arranca alas, en esta oración.

Mundo

En la oscuridad del bosque
La vida abraza el temor.
Ella camina vestida de viento,
Desbarata el tocado rubio,
Huele a fragancia pura.
El Silencio abraza cánticos,
Las Risas se vuelven bíblicas,
La Poesía muere sin ser leída,
El Amor permanece sin vida,
El Mundo se empobrece de actos heroicos.

Lazo de arcoíris

Tu habla era cántico del alma,
Tu belleza te hizo fantasma,
Tu risa era son del corazón,
Tu mirada reía con emoción.

Tristes fueron los ojos
Que nunca vieron hijos.
Triste fue el amor que te mató,
Lazo de arcoíris que te amarró.

Triste es estar obligado a partir,
Partir con voluntad de quedarse,
Simplemente dejar de existir.

Novia

Pinos vestidos de blanco,
El arroz baila en lo alto del cielo,
Espera el cansancio del plebeyo,
Reman los versos en los barcos.

Novia, de largas esperas,
Tendida en el féretro dorado
De esperanza fustigada.

Árbol da fruto agrio,
Vive eternamente en las curas.
Hoy, incluso muerto, vive en alburas.

Poso en ti

Poso en ti,
Leves besos,
Pesado sueño.
Poso en ti,
Grandes sonrisas,
Pequeñas risas.
Poso en ti.

Bendita tu vida

Oírte para jamás dejar de oírte,
Amarte para jamás dejar de amarte,
Abrazarte así, cerrados en nuestros cuerpos.
Bendito el vientre de Dios.
Bendita la simiente de Jesús.
Bendita sea la risa de sus labios.
Benditas las palabras que suenan de su boca.
Bendito mi amor.
Bendita tu vida.

Obsesión

Porque todos los pájaros cayeron,
Millones de plumas volaron
Y los poemas danzaron en el aire,
Las músicas resbalaron hacia el mar.

Las tinieblas nacieron en los ojos,
En los vientres fructificaron hijos muertos,
Dioses nunca permitieron
Y los colores jamás sobrevivieron.

Murmullo

Todavía escucho los gritos sofocados,
Veo aún el espíritu inquieto.
Mueren, bruscamente, los secretos,
El Mundo se transforma en desierto.

Oscuridades horadaron los ojos,
Ojos iluminando mil sueños.
Escopetas apagan brillos
Y obligan al final de los caminos.
Las lágrimas pintaron la casa,
Los llantos abrazaron las oraciones,
Se enfrió el cuerpo apagando la brasa.
La sangre perfumó el dolor,
Silencio abrazó el eco sin color,
Quedaron murmullos de los corazones.

Cae

Caen, levemente,
Entre las manos tus besos helados,
Que llevo aguardando una eternidad.
Caen levemente.
Del cielo pálido, el alma que te gestó,
Arroja dulcemente la nieve,
Que te transforma en lágrimas cristalinas
Con el roce caliente de los árboles,
Después de bailar desesperadamente
En la música que el viento grita.
¡Ah, mi amor!
Caen levemente, en esos brazos,
Torre de este cuerpo cicatrizado,
De este corazón en llagas.
Cae, levemente, mi amor, cae.

Motivo

Porque vivo de alimentos ajenos,
Tristemente alegre, sin medios,
En este mundo, sin sol y sin luna,
Con esta melancolía continua.

Hablo, hablo y hablo sin cansarme,
Grito constante que nadie oye.
Muertos los sueños de casarme,
¡Cuántas almas los diablos alcanzan!

Huyo amargamente del silencio,
Quedarme en casa es un sacrificio.
Sin saber el verdadero motivo,
Sólo sé que mi ser es repulsivo.

Eterno

Es como si hubiese muerto
En breve y lejano instante.
Vivo como un moribundo,
Presa de esta vida chirriante.

Cuerpo deshecho por la estrada,
Lluvia de amargura frenada,
El alma se retuerce resucitada
En el color y en la luz cansada.

Sol y pesos se hacen libres,
Viajé hacia lo eterno levemente,
Desaparecí en un azul perpetuo,
Permanezco inmortal en este mundo.

He muerto, continuando viva.

Sólo vete

Reina del reino muerto,
Caballos que cortan los ojos
Galopando por el rostro,
Despreciando la risa del viento.
Casida tu cuerpo,
Heridas tus manos,
Devuelvo al pájaro
Tu alma tétrica.
Sólo vete.

Primavera

Calor que no quema,
Frío que no arde,
Hierbas que mecen los lagos,
Ríos que bailan leves,
Árboles que ramifican vanidosos,
Niños que rebosan alegría,
Besos que invaden adolescentes,
Adultos que se esconden en una sonrisa.
Todo eso en una primavera dentro de mí.

Pasado

Pasado, una espada eterna.
Transparente y vivo,
Reside en las altas montañas del pensamiento.
Pasado, una espada eterna
Que corta el retrato vacío,
Quema las letras con fuego de silencio,
Amordaza perdón con mil lazos.
Pasado, una espada eterna.

Loca

Dejadme comer sol,
Dejadme arrojar rayos.
Caen lágrimas muertas
En esta fragancia de sal.

Correr cortinas del cielo
En este ruido del viento.
De sus ojos levanto el velo,
Quedando un enmudecido retrato.

Dejadme comer sol,
Dejadme arrojar rayos.
Caen lágrimas muertas
En esta fragancia de sal.

Besar esta sonrisa muerta
Para nunca ser besada,
Quitar sufrimiento
Para nunca ser abandonado.

Dejadme comer sol,
Dejadme arrojar rayos.
Caen lágrimas muertas
En esta fragancia de sal.

Dejadme estar loca.

Ríndete

Ríndete a la lluvia,
Indígnate con las injusticias,
Agarra vacíos recuerdos,
Llena tu pecho de ofrendas.
Ríndete,
Libérate del pozo
De todo el ruido que oigo.

Ríndete
A la promiscuidad del mar,
Prende en ti el verbo amar.

Ríndete
A la belleza del relámpago,
Que rasga el cielo con una caricia,
Que dibujado en una eterna oscuridad
Grita a la tierra desesperado.

Sin consuelo

Sin consuelo,
Siento que me bebí todas las lágrimas,
Que me tragué todos los espíritus,
Que residen dentro de mí
Todas las almas decadentes,
Todo mundo oscuro,
Todo el dolor sin consuelo.
Siento que mis oraciones,
Que mil Padre Nuestros que ofrezco
A nuestro Señor, son como cánticos,
Músicas que mecen a Lucifer.

Me siento sin consuelo.

Verdadera prisión

Amarrada por las raíces,
Mostrando las palabras en cenizas,
Ríos le brotan entre los dedos.
El llanto aniquila el alma,
Las hojas viajan con cuerpos,
Los secretos gritan en la copa de los árboles,
El amor desmaya en la tierra mojada
Y petrifica los gestos eternamente.

Lejos de ti

Mantengo mis palabras prisioneras,
Cuando quiero que resuenen
Sobre océanos infinitos.

Mantengo las lágrimas libres,
Cuando quiero guardarlas
En el baúl de las nubes de los ojos.

Me mantengo con los pies distantes
De las ventanas de los sueños,
Cuando estoy tan cerca de la arena.

Me mantengo lejos de tu amor,
Cuando sólo restan sollozos.

Ocaso

Caminas como el bailar de la sirena,
Haces del mundo un eterno blanco de paz,
Tu alma huye de esta aldea
Y tu cuerpo dolorido, yace.

Esquivas soltando lazos de poesía,
Danzando y formando hélices en el cielo,
Olvidándome en esta terrible marejada
Naciendo en mí, así, el sufrimiento.

Libre desapareciste en el ocaso,
Partiste allende los colores,
La lágrima se hizo río plácido.
Caen sobre tu cuerpo flores
Y sobre mi corazón dolores.
Así me lleno de angustia en este tiesto.

Espera

En mi eterna espera
Llueven en el universo los colores.
Y en la tierra lloran las luces,
En los cuerpos se seca la sangre,
En el rostro quedan las pupilas muertas.
En mi eterna espera
La luna grita tu nombre,
Mas yace la noche perdida en el tiempo.

Es Navidad, es Navidad

Los bebés se amamantan de la felicidad,
También los que están celados en el vientre,
Los niños contemplan las luces
Del árbol de Navidad.
Con una sonrisa
De la novia, al levantarse el velo,
La ciudad grita de alegría.
Con las luces, las campanas y los adornos
El campo llora de emoción.
Todo alrededor es natural
Al contrario que en la ciudad, todo es encantador.
Los adolescentes unidos por la fuerza de las compras,
De las risas, de las carcajadas que acaloran el tiempo.

Más arriba, un joven
Mira un escaparate,
Con una brizna de melancolía
Acompañada de soledad.
Mientras, un adulto
Observa a una pareja rebosante de amor
Y se embriaga en el arrepentimiento
De la vida que escogió.
Los padres sujetan con fuerza a sus hijos
Agradeciendo su suerte.
Los abuelos, por su lado, viven en el pasado
Con tantas historias,

Tantos recuerdos de una vida.
Todo eso en una noche
Igual, mas siempre con una pizca de diferencia.

Es Navidad, es Navidad.

Tarde

A mi corazón, tan hambriento,
Un poco de ti le sacia el alma.
Naciste en el vientre del mar,
Tarde, muy tarde.
Cuando el día murió
Y la alegría se entristeció.
Naciste en esta demora
Y, mientras nacías,
Los ríos llevaban fragmentos de mi ser
Descompuesto por saudades.

Supliqué

Y cuántas veces supliqué
Entre mil lágrimas dibujadas
En mi rostro, supliqué
Para que regases la flor
Que da vida a nuestro amor.
Sólo tú la podías salvar
Con besos locos ausentes.
La salvación estaba en tus manos,
Urdimbres de mármoles pálidos.

Y cuántas veces amor, supliqué.
Murmuré estremecida para que
Parasen de retratarme las espadas
Que salían sin compasión de tu boca
Y me herían el corazón amargamente.
Incluso así supliqué amor.
Por tu amor, supliqué.

Mar, oh Mar

Tráeme tu ola,
Invade mi corazón,
Llévate las penas,
Llévate las risas de los desalmados,
Llévate la rabia de los vencidos.

Mar, oh Mar.

Abrázame como abrazas a las islas,
Bésame como besas a las rocas,
Ámame como amas a las arenas.

Aliméntame como alimentas a las algas,
Susúrrame como susurras a los corazones.

Rabia

Todas las noches
Paso por la tristeza
De mi vivencia sin certeza
En mis días de dolor ardientes.

Canto con miedo de la rabia,
Haciendo el castillo de Paiva.
El odio de los otros
Me destruye a kilómetros.

Me impongo mirar al infinito
Para no juzgar el defecto.

Intento hacer de todo un mito
Para no cargar ese sentimiento.

Piedras

Miré al horizonte,
Mi alma derramó cuartetos,
Las palabras corrieron hacia el monte
Y los poetas abrazaron las piedras.

En los anexos de mi espíritu

Mi alma se divide en anexos.

En un anexo de mi cuerpo
Tengo las heridas por perdonar.

En un anexo de mi alma
Tengo pasión por saborear.

En un anexo de mi espíritu
Tengo músicas por bailar.

En un anexo de mi consciencia
Tengo una caricia por sentir.

En un anexo de mi vida
Tengo un prado de amor
Para ver y vivir.

En un anexo de mi ser
Tengo tu aroma
Para amarrar.

Destino

El tiempo se vuelve inútil
Cuando se acaba el sueño del niño.
Sigue el destino
Y el amor se vuelve fútil.

Lo que importa

No puedo alimentarme de tus besos,
Muero con estos amargos deseos
De aparecer en tu pensamiento,
Aunque sea en mi último momento.

Puse a tus pies un amor sin fin,
Viví en un constante espejismo, así
¿Qué importa?
Amor, odio, corazón que no soporta.

Siento por ti

Lo que siento por ti
Surge en una sonrisa del sol,
En una lágrima de las nubes,
En una risa de tus ojos.

Lo que siento por ti
Surge abrazado al dolor,
Enlazado en la pasión,
Amarrado a la esperanza.
Es el amor que siento por ti.

Lo que siento por ti
Es amor.

Búsqueda

Al pescar versos,
Pedazos de mi ser fueron digeridos.

Al procurar poesías,
Pedazos de mi ser fueron engullidos.

Al cosechar poemas,
Pedazos de mi ser fueron triturados.

Al capturar prosas,
Pedazos de mi ser fueron devorados.

Al conquistar amistad,
Pedazos de mi ser fueron maltratados.

¿Qué va a ser de mí?

¿Qué va a ser de mí?
Un alma con imán
Que atrae dolor y tormento
A este cuerpo y pensamiento.

¿Qué va a ser de mí?
Dolor en el inicio y sin fin
Que todos tienen fuerza para matar
Sin que nunca consigan amar.

¿Qué va a ser de mí?
Esta flor enorme de jazmín
Que flota en la cabecera del río
Expuesta al viento y al frío.

¿Qué va a ser de mí?
Con corazón color carmín,
Sentimientos atormentados
En un rostro martirizado.

¿Qué va a ser de mí?
Sólo hay tristezas en mi jardín,
Como la vida de un condenado
En este mundo, sin lado.

¿Qué va a ser de mí?

Con esta fuerza de Caín
Y la curiosidad de Eva
Cavando su tumba.

¿Qué va a ser de mí?
Que de tan lejos vine
Con gran dolor en el pecho,
Con dos vidas sin techo.

¿Qué va a ser de mí?
Sin pimienta y sin marfil
En un sitio a cielo abierto.

¡Ay, hijo mío, qué aprieto!

¿Qué va a ser de mí?
Dígame, Joaquín,
En esta vida oscura
Donde nada tiene cura.

¿Qué va a ser de mí?
Con odio, injusticia, en fin,
Buscando la muerte
Para esta vida sin suerte.
¿Qué va a ser de mí?

En los albores del tiempo

En ese otoño del sol
Estalla la incomprensión,
Lo eterno pierde el sabor,
Las lágrimas arrojan fuego.
Saudades y centellas
Convergen en los albores del tiempo.

Quiero una casa así I

Quiero una casa así,
Bendecida y con paz,
Que nuestro amor sea capaz
De soñar y despertar dentro de mí.

Quiero una casa así,
Lejos de la soledad,
Rodeada de jazmín,
Paraíso del destruido Adán.

Quiero una casa así,
Tan pequeña de dolor,
Tan grande de amor,
A tu lado, Benjamín.

Torbellino de la noche

El viento descendió con la manta negra,
El silencio abrazó el paño,
Los cánticos de los grillos nos gritaron,
La luz de las luciérnagas se prendió.
A las palmas vino la fuerza
De asir tus senos locos,
De ungirme en el mar caliente y frío de tu piel.
Los pétalos despiertan en tu vientre,
Donde me encuentro,
Nuestra respiración se transforma
En torbellino de gemidos poéticos.

Tu voz

Tu voz, Xanpita,
Cabalga campos de locura,
Rapta mi espíritu eremita,
Lo encamina hacia la albura.

Tu voz de mama
Mi alma reanima,
Tan leve como metal,
Tan atroz como verdad fatal.

Tu voz resplandeciente
Reluce mi cuerpo atrofiado,
Deja mi ser adornado,
Sabor del dolor decadente.

Mi Pueblo

Crea en las entrañas de negra
Orgullo y fado de un aventurero,
Mil historias en el alma que sangra,
Amor y saudade fundidos en el aire.

Los ritmos quitan los dolores desnudos,
Las melodías expresan el seno de la felicidad,
Los cuerpos vibran con la caricia de los amados,
El delirio y los sueños amargan la realidad.

Corre la simiente en alas del placer,
La suma de risas provoca lluvias de emoción.
Es la tierra que acabó de nacer.

El amor desaparece en el fin del océano,
Las islas melancólicas contemplan y saludan
Al pueblo que es mezcla de sangre y de pasión.

Me reencarné

Mis ojos vieron gritos solamente,
Esta tierra no germinará simiente.
Está todo diferente,
Incluso mi alma estaba deprimente,
El enemigo de la vida muy alegre.
Sólo después supe que no estaba en un paraíso,
Los niños ni siquiera tenían sonrisa.
Mi corazón tenía esperanzas,
Pero mi cuerpo sufrió muchas mudanzas,
Mi alma no resistió,
Dejé sólo remembranzas.
Ahora siento mi pureza,
Tengo una nueva chance
De que, con cierta firmeza
Todo estará a mi alcance.

Adiós, mi amor.

Yo pierdo el control
Con tu calor, mi amor.
Sí, pierdo el control,
Por eso tropiezo en las risas.

Así, en una noche sin amanecer,
Te dejo en un desespero.

Déjame así, anestesiada de dolor,
Déjame dejarte,
Porque tu cuerpo ya no me pide,
Las palabras no existen.

Déjame dejarte,
Porque contigo me encuentro perdida.

Adiós, mi amor,
El amor no fue suficiente,
Déjame dejarte,
Porque la flor que planté por ti
Se marchitó dentro de mí.

Déjame curar esta resaca de ti.
Adiós, mi amor.

Orgullo

Cuerpo muerto con una puñalada de orgullo
Que aún sacude el corazón
En un espíritu sin lágrima.

La oscuridad invade mis ojos,
Gemidos usurpan labios desmayados,
Dolor que desespera en mi ser.

Todo eso en una noche
En que las estrellas han seguido brillando,
En que los enamorados se han seguido regalando
Caricias a la luz de la luna.

Mientras mis orejas
Disipaban humos de esperanzas y
Cenizas de sueños realizados.

Amarrada con el cinto de la realidad,
Sólo el vino puede aliviar esta verdad.

Lo vestido en mí

Pensamiento obscuro
De la memoria que fue oscuridad.
Muere flor de mi jardín.

Sueños dibujados en la poesía,
Mas el alma continua vacía.
Millones de ojos errantes
Y muchos cuerpos dolientes.

Maldito origen

Corto nombres, arranco apellidos,
Araño dolorosamente venas.
Respuestas abstrusas en colmenas,
Yace la paz entre mil dedos.

Reniego del fantasma de tu amor,
Presa en el castillo del desdén.
Enredada en la furia sin sabor,
Vivo en multitud y sin nadie.

Es mi corazón

Como un libro abierto,
Amplio en el pecho,
De pasión repleto.

Está mi espíritu
Lleno de historias,
Unas pocas reales,
Otras, memorias cruciales.
Mi corazón fluctúa
En un alma tuya,
Que de alegría me deja desnuda,
Muy distante de la luna.

Eres Real

Mi eterno amor,
Mi eterno amor es una oración,
Llegó despacio y fue tan rápido.

Mi eterno amor
Tiene fuego en la mirada,
Luz en la sonrisa.

Mi eterno amor
Parece irreal en un mundo real.

Odiarte

¿Cómo puedo odiarte
Si te amo desde antes de nacer?
¿Cómo puedo odiarte
Si te amo desde el amanecer?

¿Cómo puedo odiarte
Si tengo tu risa
Grabada en mi célula,
Si heredé tu sonrisa?
¿Cómo puedo odiarte
Si soy tú y ella?

Las mismas

Mis emociones
Son extrañas
Cuando leo los poemas.

Se hicieron como canciones,
Mas con un poco de mañas.
Por eso están llenos de llamas.

Tienen muchos recuerdos
Escritos todas las mañanas,
A pesar de que algunos son malos.

Muchas veces tengo sensaciones
De que las vidas son mías,
Pero son siempre las mismas.

Y tú, sol

Odio tus rayos de piernas largas,
Que desfiguran esa enorme belleza triste
Y arrastran la sábana sobre faces amplias
Y se posan en este infinito lleno de muerte.

Odio tus brasas sin color, inquietas,
Que abrazan fuerte los sollozos de los ojos,
Oídos que oyen lágrimas estrechas,
Castigo que se alimenta del dolor de los hijos.

¡Ah, gracioso Sol!
Que me traes estatuas y enredos,
Vida ardiendo en grandes miedos.

Odio tus ojos dorados,
Me besas y oigo al ruiseñor
¡Ah, cómo te amo Sol!

Intenta

Intenta siempre,
La poesía no está acabada,
Ten fe en tu voz interior.

Tienes las manos para escribir,
Nada acabó,
También puedes escribir con los pies.

No dejes que tu alma pare,
El Sol te grita,
La Luna te susurra,
La Naturaleza te pone a prueba.

Eres capaz de mudar el mundo,
No pienses en la victoria
Sino en la batalla de las músicas.

Amor molido

Sabor del cuerpo,
Ovación del viento,
Aprobación del alma.
Amor,
Lenguaje del tiempo
En el código del sentimiento,
Vivir en ausencia de lágrimas.

Mi Amor,
Luz de sol y luciérnaga.
Te amo, te amo tanto,
Como centenas de poemas.

Amor,
Armas muertas en el campo,
La rabia cae en el olvido
Y en la poesía cae la rima.

Parece

Parece que el alma amorteció de dolor,
Mi corazón se ha quedado sin brillo,
Mi sentimiento se está descomponiendo,
Cada pétalo de mi ser envejece.

Mi cuerpo abatido por el color oscuro,
Mi mente por la palabra dura.

Parece que ha muerto Dios,
Los ángeles gritaron en los cielos,
Las galaxias se volvieron eternas,
Eternas sin color ¡qué inferno!

Río Malvado

Oh, río malvado,
Puedes correr hacia el mar,
Abandonando la tierra,
Pronunciando su lecho,
Acallando rumores de riberas.

Oh, río malvado,
Puedes secar lágrimas a las nacientes,
Detener el calor del sol,
Arrancar los brazos de los lagos.
Puedes incluso dejar de alimentar a las nubes,
Mas yo continuo amándote.

Vértigo

Mi alma virgen,
Mi cuerpo inmaculado,
Mi mente inocente.

El hallazgo de tu sonrisa,
Mi vientre roto.

Corazón aún sangrante,
Tus manos en mi seno.

Arrancada por la poesía,
El amor convertido en devaneo.

Besar mi cuello
Fue una avalancha de escalofríos.

Tu ansia al vencer mi sexo
Fue una ráfaga de saltamontes en mi ser.

Mi alma intacta,
Mi cuerpo ingenuo,
Mi mente pura.

Hoy no

Mañana me levanto,
Mañana reiré.

Hoy no,
Déjame en llanto,
Mañana floreceré.

Hoy no,
Hoy ya no me levanto,
Mi dolor va a parir.

Hoy no,
Puede que mañana
La estrella se deshaga.
Hoy no.

Devuélveme

Alma de los cuerpos encadenados,
Del amor azotado,
De las lágrimas que danzan hasta el suelo.

Devuélveme
El tiempo mordido por la flaqueza de mi corazón,
Canciones perdidas en palabras sueltas,
Risas muertas en las esquinas de tu cara.
Recibe el poema cansado de este ojo ciego,
Devuélveme las manos maceradas por el orgullo,
Fardo de la revuelta brillante de dolor,
Este corazón hecho de sangre aplastada.
Por favor, devuélveme mi ser antiguo.

Poesía

Por favor, parte ahora poesía
Bonita, de mirada solemne,
Amor pasajero y amor perenne.
Parte ahora y llévate la fantasía,
Mas no me dejes vacía.
Poesía, poesía, parte ahora,
Déjame muerta en esta hora.
Poesía, eres linda por demás,
Tu belleza no muere jamás,
Tu amor crece en la aurora.

Vuela levemente

Tras el horizonte
Una paloma dócil baila,
Baila en la melodía del viento,
En el son de las sombras.
Vuela y vuela levemente,
Abriendo las alas,
Abrazando el mundo,
Viviendo en el ocaso.
Tras el horizonte
El alma suelta el peso de la montaña,
Abandona el cuerpo cansado
Y deja mil espíritus en sufrimiento.

Ser Romántico

Tu voz, mi amada, se hace cántico,
Tus ojos susurran tristes versos,
Tu risa tiene algo fantástico
Que brilla en cada mil pasos.
Tus labios se clavan en el agua de mi boca,
Tu piel, cobertor frío que apaga fuego en mí.
Me entrego a tu respirar que me sofoca
Como quien nada en un río de jazmín.
No, mi amor, no es ser romántico,
Es sólo sentir la inmensidad del amor,
Virgen como la luna, sin ningún dolor.
No, mi amor, no es ser romántico,
Es besarte el alma de un modo dramático,
Probar paz mundial y gustar del sabor.

(Poema del Libro "Poesia das Lágrimas" que estaba incompleto)

Arrojar

Lo mejor es arrojar las heridas
En las olas, dejar que oscilen
Aquende de las lagunas
Que de tu alma se exilian.

Naturaleza

En el baile melancólico del árbol
Las ramas ofrecen abrazos,
El sol calienta la piel,
La sombra huye
Con mirada nostálgica.

¡Ay, hijo mío!
Disipa el dolor de la naturaleza
En el vacío de la memoria,
Saborea el gusto del verso
Caído del cielo,
Llena las manos de pocsías,
Deja los ruidos de los poemas,
Vive con parte de la paz.

Ven conmigo

Ven conmigo señor de cuatro mundos,
Vamos a oír el cántico soprano
Del niño al abuelo sordo,
Paso solemne, andar como en el sueño.

Ven conmigo señor de cuatro mundos,
Agarra el viento con remolino,
Muestra a los pájaros perdidos el camino,
Libera a los espíritus marchitos.

Ven conmigo señor de cuatro mundos,
De cuatro mundos nunca repartidos,
Pleno de naturaleza, vida y alegría.

Vamos, señor de cuatro mundos,
Seguiremos siempre la orilla
Acompañados de una gran valentía.

Soledad

Todos se han ido,
Las risas se han quedado embrujadas,
El descanso murió en esa hora,
Los oídos inquietos y perdidos.

Las abejas han saboreado la savia,
Un frío cadavérico me ha abrazado,
La alegría sepultada en la tumba,
La soledad cruel me ha llegado.

El peso de las lágrimas secas
Me ha desplomado la cabeza
En el suelo de las músicas.
Todo está en ruinas.

Prisionera

Me mantengo prisionera
En estos cuatro muros,
Escondiendo el ala
En un lugar seguro.

Aquí
No existe noche ni día,
No existe tristeza ni alegría.
Existen muchos sueños
Y un crío pequeño.

Así cae en la noche
Todo en una gaveta,
Sin sitio para la indignación.
¡Qué desazón de vida!

Junto al dolor
Grito por el amor.
Las lágrimas del niño
Muestran la vida triste del océano.

Así el silencio gana,
Desaparece con gemidos,
Acompaña al que camina
Con sentimientos asolados.

Vivo con todo ausente.

Fin

Cada paso,
Un arrepentimiento.

Cada palabra,
Un dolor engullido.

Cada sonrisa,
Un sufrimiento.

Cada mirada,
Un sueño acabado.

Cada abrazo,
Una angustia en el pecho.

Cada vida,
Un fin.

www.ingramcontent.com/pod-product-compliance
Lightning Source LLC
Chambersburg PA
CBHW071723040426
42446CB00011B/2185